Printed in the USA
CPSIA information can be obtained
at www.ICGtesting.com
JSHW080007150824
68134JS00021B/2343

9 781513 136011

فنّ الحرب

فن الحرب

صُن تزو
ترجمة أدونيس سالم

MINT EDITIONS

تمّ تأليف ”فنّ الحرب“ في العام 500 ق.م.

هذه الطبعة صادرة عن ”منشورات مِنت“ 2022

الرقم الدولي المعياري 9781513136011

الفصل الأول

التخطيط للحرب

1. قال «صُن تزو»: فن الحرب ذو أهمية قصوى بالنسبة إلى الدولة.

2. فنّ الحرب هو مسألة حياة أو موت، والسبيل إلى البقاء أو إلى الفناء. ولذلك فهو أمر يستحقّ التفكير مليًّا ولا يجوز الاستخفاف به بتاتًا.

3. تتحكّم بفنّ الحرب عوامل خمسة ثابتة، وعلى كلّ مَن يسعى لفهم الظروف الحقيقية المسيطرة على ساحة المعركة التعمّق في هذه العوامل الخمسة.

4. هذه العوامل هي: (1) القواعد الأخلاقية؛ (2) السماء؛ (3) الأرض؛ (4) القائد؛ (5) المنهج والنظام.

5، 6. **القواعد الأخلاقية** هي مصدر التلاحم بين القائد وجنوده، وهي التي تدفعهم إلى السير خلفه مهما عظم الخطر، من غير أن يبالوا بالموت.

7. **السماء** تعني الليل والنهار، الحرّ والبرد، وتعاقب الفصول.

8. الأرض تعني ساحة المعركة إذا كانت كبيرة أو صغيرة؛ وطبيعة تضاريسها، إذا كانت أرضًا مفتوحة أو ممرّات ضيّقة ووعرة؛ وإذا كانت تسمح بالقتال أو تشكّل خطرًا على الجنود.

9. **القائد** يتحلّى بفضائل الحكمة والرصانة ورفعة الأخلاق والشجاعة والصرامة.

10. **المنهج والنظام** يُقصد بهما البراعة في تقسيم الجيش إلى وحدات، والالتزام التامّ بالتراتبيّة العسكريّة، والحفاظ على طرق الإمدادات، وضبط الإنفاق العسكريّ.

11. هذه العوامل الخمسة يجب ألّا تغيب أبدًا عن بال أيّ قائد: مَن التزم بها حالفه النصر، ومن لم يكن ملمًّا بها فالهزيمة في انتظاره.

12. لذلك عليكم، وحين تخطّطون للمعركة وتقيّمون ظروفها واحتمالاتها، أن تجعلوا من تلك العوامل أساسًا لتحليلكم، طارحين الأسئلة التالية:

13. أيّ القائدين المتحاربين هو الأغنى بأخلاقه؟ أيّهما الأكثر كفاءة؟ بجانب أيّ منهما تقف السماء والأرض؟ أيّهما الأنجح بفرض النظام في صفوف جيشه؟ أيّ الجيشين أقوى؟ أيّ الجنود أفضل تدريبًا؟ أيّ الجيشين أكثر فعاليّة في تطبيق مبدأ الثواب والعقاب؟

14. الإجابة عن هذه الأسئلة السبعة تتيح لي أن أحدّد إلى جانب مَن سيكون النصر.

15. القائد الذي يثق بمشورتي ويطبّقها منتصر لا محالة: هو مَن يجب تسليمه زمام القيادة. أمّا القائد الذي لا يصغي إلى مشورتي فسيُمنى بالهزيمة: يجب صرفه من الخدمة!

16. وبالإضافة إلى نصائحي، يجب أن تستفيدوا أيضًا من أيّة ظروف مؤاتية قد تكون خارجة عمّا هو مألوف وشائع.

17. عليكم أن تعدّلوا في خططكم وفقًا للظروف.

18. كلّ حرب تقوم على الخداع.

19. فإذا كنتم تملكون القدرة على الهجوم، تظاهروا بالعجز؛ وإذا كنتم تستعدّون للقتال، لتبقَ تحركاتكم خفيّة؛ وإذا كنتم قريبين من العدوّ، أوهموه بأنّكم بعيدون؛ وإذا كنتم بعيدين عنه، أوهموه بأنّكم قريبون.

20. استدرِجوا العدوّ بطعم. تظاهروا بأنّ الفوضى سادت صفوفكم ثمّ اسحقوه.

21. إذا كانت كلّ مواقعه محصّنة، استعدّوا لملاقاته. إذا كان أقوى منكم، تجنّبوه.

22. إذا كان عدوّكم سريع الانفعال، استفزّوه. تظاهروا بالضعف ليزداد غرورًا.

23. إذا كان يستريح، أنهكوه. إذا كانت قواه موحّدة، فرّقوها.

24. هاجموه حيث لا ينتظر. باغتوه حيث لا يتوقّع ظهوركم.

25. هذه الخطط الحربيّة تقود إلى النصر، لذا يجب عدم إفشائها.

26. القائد المنتصر هو ذلك الذي يجلس في معبد أسلافه عشيّة المعركة مدقّقًا في كلّ التفاصيل. أمّا القائد الخاسر فهو مَن يهمل الكثير من الحسابات قبل المعركة، فما بالكم بمَن لم يحسب أيّ حساب لها! هذا هو ما أستند إليه لكي أتوقّع مَن سيظفر بالنصر.

الفصل الثاني

خوض الحرب

1. قال «صُن تزو»: في الحرب، وحيث يكون في ساحة المعركة ألف عربة سريعة، وألف عربة ثقيلة، ومئة ألف من الجنود بدروعهم، ومعهم مؤن تكفي للسير ألف لي (500 كلم)، فإنّ النفقات في الوطن وعلى الجبهة، بما فيها تكاليف استقبال ضيوف الدولة، وثمن الاحتياجات من الغراء والطلاء، وما يُنفق على العربات والدروع، ستبلغ ألف أونصة من الفضّة في اليوم. تلك هي تكلفة حشد جيش عديده مئة ألف رجل.

2. حين يطول أمد المعارك من دون تحقيق انتصار حاسم، تكلّ الأسلحة وتضعف عزيمة الجنود. فرض الحصار على المدن سيستنزف قواكم.

3. كذلك فإنّ الحملات إذا طالت تستنزف موارد الدولة.

4. وحين تكلّ أسلحتكم، وتهمد عزيمة جنودكم، وتخور قواكم، وتُستنزف مواردكم، سيسعى بقيّة الحكّام إلى استغلال حالة الوهن التي تعانونها. وآنذاك لا يستطيع أيّ قائد، مهما كان حكيمًا، أن يتدارك ما قد ينتج عن ذلك من عواقب.

5. لعلّ التسرّع في شنّ الحروب يقود إلى نتائج وخيمة، لكنّ إطالة أمدها إلى ما لا نهاية لم يكن دليلًا على الذكاء قطّ.

6. لم يسبق أبدًا أن استفاد أيّ بلد من حرب طويلة.

7. وحده القائد الذي يدرك تمامًا مساوئ الحروب وشرورها يعي الطريقة الأنجح لخوضها.

8. القائد المتمرّس لا يدعو إلى تجنيد الرجال لحملة واحدة مرّتين، ولا يملأ عربات جيشه بالمؤن أكثر من مرّتين.

9. اجلبوا معكم من الوطن معدّات القتال، أمّا المؤن فمن أرض العدوّ، وهكذا تؤمّنون لجيشكم ما يحتاج إليه من طعام وشراب.

10. إذا كانت خزينة الدولة فارغة سيضطرّ الشعب إلى أن يموّل من ماله الخاصّ جيشه الذي يخوض غمار الحروب بعيدًا عن الوطن، وهذا ما سيقود إلى إفقار الشعب.

11. من جهة أخرى، وحيث تسير الجيوش ترتفع الأسعار، وهذا يؤدّي إلى استنزاف موارد الشعب.

12. وحين تنضب موارد الشعب، تشتدّ وطأة الضرائب على كاهل الفلّاحين.

13، 14. ومع نضوب الموارد ووهن القوى يجتاح الفقر الأُسر، وتخسر ثلاثة أعشار مداخيلها. أمّا تكاليف استبدال عربات الحرب المحطّمة، والجياد المنهكة، والدروع والخوذ، والأقواس والسهام، والرماح، والعتاد، والثيران وعربات النقل فتستهلك أربعة أعشار موارد الدولة.

15. لذا فإنّ القائد الحكيم يحرص على الإغارة على موارد العدوّ. فحمولة عربة واحدة تُغنَم من مؤن العدوّ تساوي حمولة عشرين عربة يؤتى بها من الوطن. كما أنّ رطلًا واحدًا من طعام العدوّ يساوي عشرين رطلًا تصل من مخازن الوطن.

16. يجب أن توقظوا مشاعر الغضب لدى الجنود لتحريضهم على قتل العدوّ؛ كما يجب أن تعدوهم بالغنائم لحثّهم على أن يحملوا على العدوّ ويهزموه.

17. إذا استولى جنودنا على عشر عربات للعدوّ أو أكثر خلال القتال، يجب مكافأة أولئك الذين استولوا على العربة الأولى. كما يجب نزع رايات العدوّ عنها ورفع راياتنا مكانها، واستخدام تلك العربات للقتال إلى جانب عرباتنا. يجب معاملة الجنود الأسرى معاملة حسنة.

18. هذا ما يُعرف باستخدام ما غنمناه من العدوّ لزيادة قوّتنا.

19. لذلك، فليكن هدفكم النصر لا شنّ الحملات التي لا تنتهي.

20. وهكذا فإنّ القائد العسكريّ يتحكّم بمصير شعبه، وهو مَن يحمل بين يديه استقرار بلده أو دماره.

الفصل الثالث

خطّة الهجوم القائمة على الخداع

1. قال «صُن تزو»: في التطبيق العمليّ لفنّ الحرب، من الأفضل أخذ بلاد العدوّ بدون تدميرها. كذلك فإنّ من المستحسن السيطرة على الجيش، أو الكتيبة، أو الفرقة، أو السريّة، بعديدهم الكامل، لا إبادتهم.

2. ذروة التفوّق ليست في خوض المعارك والانتصار فيها كلّها؛ ذروة التفوّق هي في إخضاع الجيوش بدون قتال.

3. أعلى درجات فنّ القيادة في الحرب تكمن في إفشال خطط العدوّ، يليها منع العدوّ من توحيد قواه، ثمّ مهاجمة جيش العدوّ في الميدان؛ أما أسوأ الخطط فهي محاصرة المدن ذات الأسوار.

4. تقضي القاعدة بتجنّب محاصرة المدن ذات الأسوار إلّا بغياب أيّ وسيلة أخرى. فمجرّد تهيئة وسائل الحماية وأبراج الهجوم النقّالة وآلات الحرب الأخرى يتطلّب ثلاثة أشهر بكاملها، وثلاثة أشهر أخرى لإهالة التراب عند قاعدة الأسوار حتى يمكن تسلّقها.

5. القائد الذي يفقد صبره يرسل رجاله لمهاجمة الأسوار كقطعان النمل، ما يؤدّي إلى هلاك ثلثهم بغير أن تسقط المدينة. إنّها الكارثة التي يؤدّي إليها حصار المدن.

6. لذلك فإنّ القائد المتمرّس يُخضع جنود العدوّ بدون قتال، ويحتلّ مدنه بدون محاصرتها، ويقضي على مملكته بدون حملات عسكريّة مطوّلة.

7. وهكذا يبسط سلطته على أرجاء مملكة العدوّ بغير أن يرهق جيشه أو يخسر جنديًّا واحدًا، ويحقق انتصارًا كاملًا. ذلك هو مبدأ الهجوم القائم على الخداع.

8. إذا كان جيشنا يفوق جيش العدوّ عددًا بعشرة أضعاف، تقضي قواعد الحرب بمحاصرة العدو، وإذا كان يفوقه بخمسة أضعاف، بمهاجمته، وإذا كان يفوقه بضعفين، يجب أن نشطر جيشنا إلى نصفين.

9. إذا كان الجيشان يتوازيان عددًا، يمكن الذهاب إلى النزال، وإذا كان جيشنا دون جيش العدوّ عددًا بقليل، لنحاول تجنّبه. أمّا إذا كان العدوّ يتفوّق علينا في كلّ النواحي، فلنفرّ من طريقه.

10. قد تستطيع قوّة صغيرة القتال، ولكن لا بدّ لها في النهاية من أن تخضع للقوّة الأكبر عددًا.

11. القائد العسكريّ هو حصن الدولة. إذا كان الحصن منيعًا فالدولة ستكون قويّة، أمّا إذا كان ضعيفًا فالدولة واهنة بلا شكّ.

12. قد يُلحق الحاكم الأذى بجيشه بطريقة من ثلاث:

13. (1) حين يأمر جيشه بالتقدّم أو بالتراجع وهو يجهل أنّ الجيش عاجز عن التنفيذ، فيعرقل حركته.

14. (2) حين يحاول أن يقود جيشه مثلما يحكم مملكته، وهو يجهل الظروف التي يواجهها الجيش، فيبعث القلق في أذهان جنوده.

15. (3) حين يوزّع المسؤوليّات على قادة جيشه وضبّاطه وهو يجهل تمامًا مبدأ التكيّف مع الظروف في الحرب، فتهتزّ ثقة الجنود.

16. حين يسود الاضطراب وغياب الثقة صفوف الجيش، من المؤكّد أن يبدأ حكّام المقاطعات الآخرون بإثارة المتاعب. وهذا يعني نشر الفوضى بين الجنود وتقديم النصر هديّة إلى العدوّ.

17. للنصر شروط أساسيّة خمسة: (1) مَن يعلم متى يجب القتال ومتى يجب عدم القتال ينتصِر. (2) مَن يعرف أن يقود جيشًا، كبيرًا كان أم صغيرًا، ينتصِر. (3) من ينجح بتوحيد إرادة ضبّاطه وجنوده ويزرع فيهم روحًا قتاليّة واحدة ينتصِر. (4) من يهيّئ نفسه بانتظار أن يباغت العدو ينتصِر. (5) مَن يمتلك القدرات الحربيّة ولا يتدخّل الحاكم في شؤونه ينتصِر.

18. لذلك قيل: مَن يعرف عدوّه ويعرف نفسه، ينتصر في مئة معركة. ومَن يعرف عدوّه ولا يعرف نفسه ينتصر مرّة وينهزم أخرى. ومَن لا يعرف نفسه ولا عدوّه ينهزم دائمًا.

الفصل الرابع

الاستعداد للحرب

1. قال «صُن تزو»: كان كبار المحاربين القدامى يحصّنون أنفسهم ضدّ أيّ إمكانيّة للهزيمة، ويمكثون في انتظار الفرصة السانحة لسحق العدوّ.

2. تحصين أنفسنا ضدّ التعرّض للهزيمة أمر يعود إلينا، أمّا فرصة القضاء على العدوّ فالعدوّ نفسه هو مَن يقدّمها إلينا.

3. وهكذا فإنّ المحارب القدير يستطيع تحصين نفسه ضدّ الهزيمة، لكنّه لا يستطيع التيقّن من إمكانيّة هزم العدوّ.

4. ولذلك قيل: قد يعرف المرء كيف ينتصر من دون أن يكون بالضرورة قادرًا على أن ينتصر.

5. تحصين الذات ضدّ الهزيمة يعني وضع خطط دفاعيّة؛ أمّا القدرة على هزم العدوّ فتعني المبادرة إلى الهجوم.

6. البقاء بحالة الدفاع يشير إلى عدم امتلاك القوّة الكافية؛ أمّا الهجوم فيشير إلى امتلاك فائض من القوّة.

7. القائد البارع في فنون الدفاع يتوارى في جوف الأرض؛ والقائد الذي يتقن الهجوم ينقضّ كالصاعقة من أعلى ذرى السماء. وهكذا تتاح للقائد القدرة على حماية نفسه كما على تحقيق النصر الكامل.

8. توقُّع النصر حين يكون في وسع العاديين من الناس أن يتوقّعوه ليس أرقى درجات التفوّق.

9. ليس أرقى درجات التفوّق أيضًا تحقيق الانتصار في القتال والفوز باستحسان الشعب والدولة.

10. القدرة على حمل شُعيرة ضئيلة ليست دليلًا على القوّة العظيمة؛ رؤية الشمس والقمر ليست دليلًا على امتلاك بصر ثاقب؛ سماع قصف الرعود ليس دليلًا على امتلاك حاسّة سمع قويّة.

11. بالنسبة إلى الأقدمين، المحارب القدير ليس مَن ينتصر، بل مَن يتفوّق في تحقيق الانتصار بسهولة.

12. وتلك الانتصارات ليست مما يعود على صاحبها بهالة الحكمة أو أكاليل الغار.

13. المحارب القدير ينتصر في معاركه لأنه لا يرتكب أخطاء. عدم ارتكاب الأخطاء هو ما يجعل الانتصار محتّمًا، لأنّه يعني قهر عدوّ مهزوم أساسًا.

14. أي أنّ المحارب القدير هو دائمًا بمنأى عن الهزيمة، ولا يفوّت عليه فرصة لدحر عدوّه.

15. وهكذا فإنّ المخطِّط المنتصر هو مَن لا يسعى للقتال إلّا بعدما يكون النصر قد تحقق، أمّا مَن يسعى أوّلًا للقتال ويبحث لاحقًا عن النصر، فالهزيمة قدره.

16. القائد المتمرّس هو مَن يزرع القواعد الأخلاقيّة ويلتزم التزامًا تامًّا بالمنهج والنظام، وبذلك يصبح النصر في متناول يده.

17. المنهج العسكريّ يتضمّن أوّلًا أخذ القياسات، وثانيًا تقدير الكمّيات، وثالثًا احتساب الأعداد، ورابعًا وضع الفرص في الميزان، وخامسًا النصر.

18. أخذ القياسات يعتمد على الأرض؛ وتقدير الكمّيات على أخذ القياسات؛ واحتساب الأعداد على تقدير الكمّيات؛ ووضع الفرص في الميزان على احتساب الأعداد؛ والنصر على ميزان الفرص.

19. الجيش الظافر هو بالنسبة إلى الجيش المهزوم بمثابة رطل من الحنطة في إحدى كفّتي الميزان مقابل حبّة حنطة واحدة في الكفّة الثانية.

20. للجيش المنتصر قوّة شلّال صاخب يسقط من أعلى جرف شاهق.

الفصل الخامس

ا لقو ة

1. قال «صُن تزو»: التحكّم بجيش كبير لا يختلف عن التحكّم بثلّة من الرجال، يكفي تقسيمهم إلى وحدات.

2. قيادة جيش كبير في ساحة المعركة لا تختلف عن قيادة فرقة صغيرة، يكفي التوصّل إلى نظام من الإشارات ورموز الاتصال.

3. اللجوء إلى المناورات المباشرة وغير المباشرة في وجه هجوم العدوّ يضمن ثبات الجيش وعدم تشتّته.

4. لكي يكون لجيشك على أعدائه وطأة حجر الرحى الذي يهوي على بيضة، يجب الإلمام تمامًا بنقاط القوّة والضعف.

5. في كلّ أنواع القتال يمكن اعتماد الطريقة المباشرة خلال الالتحام، لكنّ ضمان النصر يتطلّب اللجوء إلى الطرق غير المباشرة.

6. الخطط غير المباشرة، إذا ما طُبّقت بفعالية، هي موارد هائلة كالسماء والأرض، وهي كمياه الأنهار والجداول لا تنضب، وكالشمس والقمر تغيب لتشرق من جديد، وكالفصول الأربعة تتوالى وتتجدّد.

7. مجموع النوتات الموسيقية لا يزيد عن خمس، ومع ذلك فإنّ التوليف بينها تنتج عنه ألحان لا تعدّ ولا تحصى.

8. مجموع الألوان الأساسية لا يزيد عن خمسة (الأزرق، والأصفر، والأحمر، والأبيض، والأسود)، ومع ذلك فالمزج بينها يخلق تدرّجات وظلال ألوان لا يمكن حصرها.

9. مجموع المذاقات الأساسية لا يزيد عن خمسة (الحامض، الحرّيف اللاذع، المالح، الحلو، المرّ)، ومع ذلك فالمزج بينها تنتج عنه نكهات أكثر من أن يمكن عدّها.

10. في المعركة طريقتان فقط للهجوم، لا أكثر: المباشرة، وغير المباشرة، ومع ذلك فإنّ استخدامهما معًا يتيح عددًا لا يُحصى من المناورات الممكنة.

11. كلّ من الطريقتين تقود إلى الأخرى، وكأنّها حلقة متصلة لا نهاية لها. والإمكانيّات التي تنتج عن اجتماع الطريقتين لا تنضب.

12. هجوم الجنود يشبه اندفاع السيل الذي يجرف كلّ شيء في طريقه، حتّى الحجارة.

13. القرار الصائب يشبه انقضاض الصقر—في اللحظة المناسبة—بما يمكّنه من القضاء على فريسته.

14. لذلك فإنّ المحارب الباسل هو من كان رهيبًا في هجومه وسريعًا في قراره.

15. القوّة تشبه القوس المشدودة، أمّا القرار فيشبه السهم حين إطلاقه.

16. قد يظنّ البعض أنّ صخب المعركة وغبارها يعنيان الفوضى، لكنّ ذلك غير صحيح على الإطلاق. فحتّى لو ظهر الجنود ككتلة مبهمة، لا رأس لها ولا عقب، إلّا أنّ شيئًا لا يستطيع سحق هذه الكتلة.

17. التظاهر بالفوضى يعني أعلى درجات الانضباط؛ التظاهر بالخوف يعني الشجاعة؛ التظاهر بالضعف يعني القوّة.

18. إخفاء النظام خلف ستار من الفوضى يكون من خلال توزيع الوحدات ومهامّها؛ إخفاء الشجاعة تحت مظاهر الجبن يفترض امتلاك قدر كبير من الطاقة الكامنة؛ إخفاء القوّة بالضعف يتمّ من خلال تحركات محسوبة.

19. وهكذا فإنّ المحارب البارع في إبقاء عدوّه في حال من الحركة الدائمة هو ذاك الذي يحافظ على مظاهر خدّاعة تضلّل العدوّ. كما عليه أن يلقي للعدوّ طعمًا يدفعه لمحاولة النيل منه.

20. يلقي المحارب الطعم فيستدرج عدوّه للسير إلى حيث يكمن في انتظاره ومعه فرقة من نخبة جنوده.

21. المحارب الذكيّ يعتمد لتحقيق الانتصار على ما جمعه من عناصر القوّة، لا على مَن لديه من الرجال. ولذلك فهو يعرف أن ينتقي الرجال المناسبين ويستفيد من عناصر القوّة المجتمعة.

22. حين يستفيد من عناصر القوّة المجتمعة، يصبح رجاله أثناء القتال كجذوع أشجار تتدحرج أو كحجارة تنهال على سفح جبل. الجذوع أو الحجارة تلبث جامدة ما دامت فوق سهول منبسطة، أما السفوح فتحركها؛ وإذا كانت مربّعة الشكل توقّفت، وإذا كانت مستديرة تدحرجت نزولًا.

23. وهكذا فإنّ الطاقة التي يخلقها المحاربون الأشدّاء تشبه الزخم الذي يكتسبه حجر دائري الشكل يتدحرج فوق سفح جبل من ارتفاع شاهق. هذه هي فعالية عناصر القوة.

الفصل السادس

نقاط الضعف والقوة

1. قال «صُن تزو»: مَن يصل إلى ساحة المعركة أوّلًا وينتظر عدوّه، يكون أكثر ارتياحًا واستعدادًا للقتال. مَن يصل ثانيًا إلى ساحة المعركة، وعليه أن يسارع للنزال، يكون مرهقًا.

2. هكذا يملي المحارب البارع إرادته على العدوّ، ولا يسمح للعدوّ بإملاء إرادته عليه.

3. ويمكنه حمل العدوّ على الاقتراب منه، عبر إيهامه بأنّ في ذلك مكسبًا له؛ كذلك يمكنه تسديد ضربة موجعة إلى العدوّ لمنعه من الاقتراب.

4. إذا كان العدوّ بحال من الارتياح، يسعى لإنهاكه؛ وإذا كان يملك مؤنًا وافرة، يسعى لتجويعه؛ وإذا كان يُعسكر في مخيّمه بأمان، يدفعه للانتقال منه.

5. المحارب البارع يظهر في أماكن لم يستعدّ العدوّ للدفاع عنها؛ ويسير بسرعة إلى حيث لا يتوقّعه أحد.

6. إذا شقّ الجيش طريقه في مناطق لا أعداء فيها، يمكنه أن يسير مسافات بعيدة بدون أن يعتريه أيّ قلق.

7. مَن يهاجم المواقع غير المحصّنة يضمن النصر دائمًا؛ مَن يدافع عن مواقع شديدة التحصين يضمن عدم سقوطها أبدًا.

8. من هنا فإنّ القائد المتمرّس بفنون الهجوم هو مَن يجهل عدوّه أيّ مواقع عليه الدفاع عنها؛ والقائد المتمرّس بفنون الدفاع هو مَن لا يعرف عدوّه أين عليه أن يهاجمه.

9. أيّها الفنّ العظيم، يا فنّ التخفّي والغموض، منك تعلّمنا كيف نتوارى عن الأنظار والأسماع، فنقبض بأيدينا على مصير أعدائنا.

10. إذا استهدفتم نقاط ضعف العدوّ، تتقدّمون بدون أن يتمكّن من مقاومتكم أحد؛ وإذا كنتم أسرع حركة من العدوّ، تنسحبون بدون أن يتمكّن من مطاردتكم أحد.

11. إذا رغبنا في القتال، يمكننا إرغام العدوّ على الاشتباك معنا ولو كان متحصّنًا خلف أسوار عالية وخنادق عميقة. كل ما علينا أن نفعله هو أن نهاجم مكانًا آخر يجد نفسه مرغمًا على الخروج للدفاع عنه.

12. أمّا إذا لم نرغب في القتال، يمكننا أن نمنع العدوّ من مهاجمتنا ولو كان معسكرنا غير محصّن على الإطلاق. يكفي أن نضع في طريقه إلينا عائقًا غريبًا ليس في حسبانه.

13. حين نكتشف استعدادات العدوّ من دون أن ننكشف بدورنا له، نبقي على قوانا مجموعةً، فيما تتشتّت قوى العدوّ.

14. يمكننا أن نكوّن كتلة واحدة ومتراصّة، أمّا قوى العدوّ فيجب شرذمتها. وهكذا يهاجم جمعٌ واحد خصمًا مبعثر القوى.

15. وإذا استطعنا أن نشنّ هجومًا ونحن متفوّقون عدديًا، كان النصر إلى جانبنا.

16. يجب ألّا يعلم العدوّ أين سنشنّ هجومنا، ما سيرغمه على توزيع قواه على عدّة مواقع للدفاع عنها؛ وبذلك لن تجد قوانا المهاجمة في مواجهتها سوى جنود قليلي العدد.

17. إذا عزّز العدوّ مقدّمة جيشه، ضعفت مؤخّرته؛ إذا عزّز مؤخّرة جيشه، ضعفت مقدّمته؛ إذا عزّز ميسرته، ضعفت ميمنته؛ إذا عزّز ميمنته، ضعفت ميسرته. إذا أرسل تعزيزاته إلى كلّ مكان، ظلّ ضعيفًا في كلّ مكان.

18. اضطراره إلى الاستعداد لصدّ الهجمات في أكثر من موقع يؤدّي إلى ضعفه العدديّ. أمّا تفوّقنا العدديّ فينبع من قدرتنا على إرغام العدوّ على الاستعداد بهذا الشكل لمواجهتنا.

19. مَن يعرف مكان المعركة المقبلة وزمانها، يمكنه أن يبدأ بالحشد استعدادًا لها من مسافات بعيدة.

20. ولكن إذا كان مكان المعركة وزمانها مجهولين، يستحيل على ميسرة الجيش دعم ميمنته، وتعجز الميمنة عن تقديم العون للميسرة، كما يتعذّر على مقدّمة الجيش إنجاد مؤخّرته، وعلى المؤخّرة مساعدة مقدّمته. وسواء أكانت المسافة الفاصلة بين فرق الجيش المشتّتة شاسعة جدًّا أو قصيرة جدًّا، يمكنكم أن تتخيّلوا الكارثة التي ستحلّ به.

21. برغم تقديراتي بأنّ جيش «يوي» يفوقنا عددًا، لن يشكّل ذلك أيّ فائدة بالنسبة إليه. وبرأيي أنّ النصر سيتحقّق.

22. برغم تفوّق العدوّ عدديًا، يمكننا أن نمنعه من القتال. اعملوا على اكتشاف خططه وتقدير احتمالات نجاحها.

23. ادفعوه إلى القيام بعمل ما لتتعرّفوا إلى طرقه حين يتحرّك أو حين يمكث بلا حراك. أرغِموه على الخروج إلى العلن لتكتشفوا مكامن ضعفه.

24. قارنوا بعناية بين جيش العدوّ وجيشكم لتعرفوا نقاط قوّته وضعفه.

25. ذروة النجاح في الاستعدادات للقتال إخفاؤها؛ أخفوا استعداداتكم تكونوا بمأمن من عيون أمهر الجواسيس، ومخطّطات أذكى القادة.

26. يعجز الكثيرون عن فهم كيف يمكن لمخطّطات العدوّ أن تضمن لهم النصر.

27. حتّى لو كانت المناورة التي مكّنتني من الانتصار ظاهرة للجميع، فإنّ أحدًا لا يمكنه أن يدرك حقيقة الخطّة المُحكمة التي قادت إلى ذلك الانتصار.

28. لا تعتمدوا مرّتين الخطّة التي ضمنت لكم الانتصار، ولكن اتركوا لكلّ ظرف أن يملي عليكم الطريقة التي يجب اعتمادها.

29. الخطط العسكريّة هي كالماء الذي يندفع في مساره الطبيعيّ من الأعلى إلى الأسفل.

30. لذلك يجب في الحرب تجنّب المواقع الحصينة وتسديد الضربات إلى المواقع الضعيفة.

31. الماء يرسم مجراه بحسب طبيعة الأرض التي يجري فيها؛ والجنديّ يعمل لتحقيق النصر وفقًا للعدوّ الذي يواجهه.

32. فكما أنّ الماء يتغيّر شكل مجراه من أرض إلى أخرى، كذلك فإنّ الأحوال تتغيّر من حرب إلى أخرى.

33. والقائد الذي يستطيع أن يحقّق النصر عبر تعديل خططه بحسب تصرّفات خصمه، هو هديّة حقيقيّة من السماء.

34. إنّ أيًّا من العناصر الخمسة (أي الماء والنار والخشب والمعدن والتراب) لا يبقى سائدًا إلى ما لا نهاية؛ كذلك حال الفصول في تعاقبها، والأيّام في طولها وقصرها، والقمر في مراحل دورته.

الفصل السابع

المناورة

1. قال «صُن تزو»: في الحرب، يتلقى القائد أوامره من الملك.

2. بعدما يجمع جيشًا ويحشد قواه، عليه تحقيق الوحدة والموالفة بين عناصر جيشه قبل أن يقيم معسكره.

3. بعد ذلك يأتي دور أصعب الخطوات، وهي المناورة. وتكمن صعوبتها في تحويل الطرق الملتوية إلى طرق مستقيمة، وتحويل الخسارة إلى ربح.

4. وهكذا، فإنّ مَن يغري العدوّ بالخروج عن طريقه، ثمّ يسلك هو نفسه طريقًا طويلًا ومتعرّجًا، فيصل إلى الهدف قبل عدوّه ولو كان قد انطلق من بعده، يُظهر براعة نادرة في فنّ **التضليل**.

5. المناورة بجيش منظّم لها حسناتها؛ أمّا المناورة بحشد غير منظّم فأمر في غاية الخطورة.

6. إذا أمرتم جيشًا كامل العدد والعتاد بالسير لتحقيق مكسب ما، فالأرجح أن تصلوا متأخّرين جدًّا. أمّا إرسال فرقة واحدة خفيفة الحركة لتحقيق ذلك المكسب فيعني المجازفة بخسارة مؤن تلك الفرقة وعتادها.

7. إذا أمرتم جنودكم بخلع دروعهم والسير الحثيث بدون توقف ليل نهار، بهدف اجتياز مئة لي (50 كيلومترًا) في نصف الوقت المألوف، من أجل تحقيق التفوّق، فإنّ قادة الجيش سيقعون أسرى في أيدي الأعداء.

8. سيبقى أصلب الرجال بنية في المقدّمة، أمّا أضعفهم فسيجرجرون الخطى في الخلف، ولن يبلغ الهدف إلّا عُشر عديدكم من الرجال.

9. إذا سرتم خمسين لي (25 كيلومترًا) للالتفاف على عدوّكم، تخسرون قائد فرقتكم الأولى، ولن يبلغ الهدف إلّا نصف عديدكم من الرجال.

10. إذا سرتم ثلاثين لي (15 كيلومترًا) للغاية عينها، فلن يبلغ الهدف إلّا ثلثا جيشكم.

11. من المسلّم به إذًا أنّ الجيش محكوم بالهلاك إذا فقد عربات عتاده أو مؤنه أو قواعد إمداداته.

12. لا يمكننا عقد تحالفات قبل أن ندرك خطط جيراننا.

13. ليس أهلًا لقيادة الجيوش مَن لا يعرف أرض البلد الذي يسير إليه، من جبال، وغابات، ومنزلقات، ووديان سحيقة، ومستنقعات.

14. مَن لا يلجأ إلى خبرة المرشدين المحليّين لا يمكنه الاستفادة من الأرض.

15. في الحرب، مَن يتخفَّ ينتصر.

16. قرار تجميع جيشكم أو تقسيمه يجب أن تأخذوه في ضوء الظروف.

17. كونوا سريعين كالريح، مرصوصين كأشجار الغابة.

18. كونوا مدمّرين كالنيران حين تُغيرون؛ كونوا ثابتين كالجبال.

19. لتكُن خططكم غامضة كالليل الحالك، وحين تتحرّكون، انقضّوا كالصاعقة.

20. حين تأمرون بنهب منطقة، دعوا رجالكم يقتسمون المغانم؛ وحين تحتلّون بلدًا جديدًا، وزّعوا أراضيه إقطاعات على ضبّاطكم.

21. فكّروا مليًّا قبل أن تقوموا بأيّ خطوة.

22. مَن يبرع في التضليل ينتصر. هذا هو فنّ المناورة.

23. جاء في كتاب إدارة الجيوش: «في ساحة المعركة، لا يصل صوت الكلمات بعيدًا، لذا اعتُمدت الطبول والصنوج. وكذلك لا يمكن الرؤية بوضوح، لذا اعتُمدت الرايات والبيارق.»

24. الصنوج والطبول والرايات والبيارق هي الوسائل التي تشدّ عيون الجيش وآذانه إلى جهة واحدة.

25. وهكذا حين يصبح الجيش كتلة واحدة، لا يُترك الجنود الشجعان لحالهم حين يهاجمون، كما يستحيل على الجبناء أن يبادروا إلى الانسحاب من تلقاء أنفسهم. هذا هو فنّ قيادة الجيوش الكبيرة.

26. لذلك عليكم أن تستخدموا أثناء القتال ليلًا المشاعل والطبول، والرايات والبيارق نهارًا، حتّى يتمكّن جنودكم من أن يروكم ويسمعوكم.

27. قد يخسر جيش بكامله معنويّاته؛ كذلك قد تهتزّ شجاعة القائد ويفقد حزمه.

28. عند الصباح تكون معنويّات الجنديّ في قمّتها؛ وعند الظهر بحال من الفتور؛ أمّا في المساء فالعودة إلى المعسكر تستحوذ على تفكيره.

29. لذلك فإنّ القائد اللامع يتجنّب جيشًا عالي المعنويّات، ويهاجمه حين تفتر معنويّاته ويتوق للعودة إلى معسكره. هذا هو فنّ معرفة مزاجات الآخرين.

30. بكلّ انضباط وهدوء، ينتظر القائد اللامع ظهور الفوضى والبلبلة في صفوف العدوّ. هذا هو فنّ ضبط النفس.

31. اقتربوا من الهدف فيما العدوّ لا يزال بعيدًا؛ وفّروا سبل الراحة للجنود فيما العدوّ منهك؛ وفّروا الغذاء الكافي لهم فيما العدوّ خاوي الأمعاء، إنه فن الحرص على القوّة الذاتية.

32. امتنعوا عن مهاجمة العدوّ إذا كانت راياته مرفوعة عاليًا بانتظام؛ امتنعوا عن مهاجمة جيش يتقدّم بكثير من الهدوء والثقة بالنفس، إنّه فنّ تقدير الظروف.

33. من بديهيات فن الحرب ألّا يتسلّق الجيش هضبة ينتظره العدوّ في أعلاها، وألّا يشتبك مع عدوّ يكرّ عليه من أعلى الجبل.

34. لا تطاردوا عدوًّا يتظاهر بالفرار؛ لا تهاجموا جنودًا تسيطر عليهم حدّة الطباع.

35. لا تقعوا في الشرك الذي ينصبه لكم العدوّ؛ لا تعترضوا طريق جيش يعود إلى دياره.

36. حين تهاجمون جيشًا، دعوا له مخرجًا. لا تزيدوا الضغط على عدوّ بات في وضع ميئوس منه.

37. هذا هو فنّ خوض الحرب.

الفصل الثامن

تنويع الخطط

1. قال «صُن تزو»: في الحرب، يتلقى القائد أوامره من الملك، ثمّ يعمل على حشد جيشه وتجميع قواه.

2. لا تقيموا معسكراتكم في مناطق وعرة. وعند تقاطع طرق المواصلات تعاونوا مع حلفائكم. لا تطيلوا المكوث في مواقع معزولة قد تشكّل خطرًا. الجأوا إلى الخداع حيث تكونون محاصَرين. وحين تكونون في وضع ميئوس منه، عليكم القتال.

3. ثمّة طرق يجب ألّا تسلكوها، وجيوش يجب ألّا تهاجموها، ومدن يجب ألّا تحاصروها، ومواقع يجب ألّا تحاولوا السيطرة عليها، وأوامر ملكية يجب ألّا تطيعوها.

4. القائد الذي يدرك تمامًا فوائد التنويع في الخطط يعرف كيف يقود جنوده.

5. أمّا القائد الذي لا يدرك تلك الفوائد، ومهما كان ملمًّا بطبيعة الأرض، فلن يستطيع الاستفادة منها.

6. لذا فإنّ القائد الذي يجهل كيف ينوّع في خططه، ومهما كان ملمًّا بالمزايا الخمس، فسيعجز عن الاستفادة من رجاله على أفضل نحو.

7. مخطّطات القائد المحنّك تأخذ بالاعتبار الإيجابيّات والسلبيّات معًا.

8. حتى لو أدّى ذلك إلى التخفيف من توقّعاتنا الإيجابيّة، فقد نتمكّن من تحقيق الجزء الأساسي من مخططاتنا.

9. ومن جهة ثانية، وإذا كنّا في خضمّ المصاعب على استعداد دائم لاغتنام فرصة إيجابيّة، فقد ننجح في النجاة من المأزق.

10. ألحِقوا الخسائر بأعدائكم من القادة لترغموهم على الخضوع لكم؛ سبّبوا لهم المتاعب وأشغِلوهم باستمرار؛ قدّموا لهم إغراءات خادعة، واجعلوهم يسارعون إلى حيثما تريدونهم أن يذهبوا.

11. يعلمنا فنّ الحرب ألّا نعتمد على احتمال عدم مجيء العدوّ، بل على استعدادنا لملاقاته؛ لا على أمل ألّا يشنّ علينا هجومًا، بل على تحصين مواقعنا في وجهه.

12. ثمّة عيوب خطرة خمسة قد تشكّل خطرًا على أيّ قائد: (1) التهوّر الذي قد يؤدّي إلى مقتله؛ (2) الجبن الذي قد يتسبّب بوقوعه أسيرًا؛ (3) الانفعالية التي قد تستثيرها الإهانات؛ (4) الحساسية المفرطة في موضوع الشرف والتي قد تجعله يخشى العار؛ (5) الرأفة المفرطة والتي قد تعرّضه إلى الشعور بالقلق الشديد.

13. تلك هي الآثام الخمسة التي يحدق خطرها بأي قائد عسكريّ، والتي قد تتحوّل معها نتيجة الحرب إلى كارثة.

14. ستجدون بلا شكّ أنّ تلك السقطات الخمس هي من بين أسباب هزيمة أيّ جيش ومقتل قائده. يجب التفكير فيها مليًّا.

الفصل التاسع

الجيش في سيره

1. قال «صُن تزو»: نصل الآن إلى مسألة تمركز الجيش ومراقبة الإشارات إلى وجود العدوّ. اجتازوا الجبال بسرعة وابقوا على مقربة من الوديان.

2. أقيموا معسكراتكم فوق التلال، بمواجهة الشمس. لا تتسلّقوا المرتفعات للقتال. تلك هي قواعد حرب الجبال.

3. بعد عبور نهر يجب أن تبتعدوا مسافة طويلة عنه.

4. حين يصل جيش الغزاة أثناء سيره إلى نهر ويهمّ بعبوره، لا تلاقوه وسط الماء. من الأفضل أن تدعوا نصف الجيش ينتهي من عبور النهر، وساعتئذ تشنّون هجومكم.

5. إذا كنتم تتوقون للقتال، لا تذهبوا لملاقاة الغزاة بالقرب من نهر عليهم عبوره.

6. أرسوا مراكبكم في موقع يكون أقرب إلى منبع النهر من موقع عدوّكم، بمواجهة الشمس. لا تصعدوا النهر أبدًا لملاقاة العدوّ. تلك هي قواعد الحرب في الأنهار.

7. حين تعبرون المستنقعات، يجب أن تحثّوا سيركم لاجتيازها بأسرع ما يمكن.

8. إذا أُرغِمتم على القتال في مستنقع، فاحرصوا على أن تكون المياه والأعشاب إلى جانبكم، والغابة خلفكم. تلك هي قواعد الحرب في المستنقعات.

9. في الأرض الجافّة والمنبسطة، اختاروا موقعًا يسهل الوصول إليه، وإلى يمينه وخلفه هضاب ومرتفعات، حتّى تجعلوا الخطر أمامكم والسلامة خلفكم. تلك هي قواعد الحرب في الأراضي المنبسطة.

10. حدّثتُكم عن الفروع الأربعة للمعرفة الحربيّة التي كانت ذات فائدة بالنسبة إلى الأمبراطور الأصفر ومكّنته من إلحاق الهزيمة بأربعة ملوك.

11. كلّ الجيوش تفضّل الأراضي المرتفعة على الأراضي المنخفضة، والأماكن المشمسة على الأماكن المظلمة.

12. القائد الحريص على حياة جنوده يأمر بإقامة معسكره على أرض صلبة، فيقي جيشه شتّى أنواع الأمراض، وهذا ما يعد بالنصر.

13. حين تصلون إلى هضبة أو منحدر، احتلوا الجزء المشمس منهما، واجعلوا سفح الهضبة أو المنحدر خلفكم من الجهة اليمنى. هكذا تحرصون على مصلحة جنودكم وتستفيدون في الوقت عينه من طبيعة الأرض.

14. عندما تتسبّب الأمطار الغزيرة في فيضان النهر الذي تريدون عبوره وتتشكّل الرغوة على سطحه، يجب أن تنتظروا عودة الهدوء إلى النهر.

15. أمّا المناطق التي تقطعها الجروف الشاهقة، والسيول الهادرة، والتجاويف الطبيعية العميقة، والأراضي الضيّقة، والأدغال الكثيفة، والمستنقعات، والأخاديد، فعليكم أن تتجنّبوها بأقصى سرعة، وألّا تدخلوها على الإطلاق.

16. وفي الوقت عينه علينا أن نجعل العدوّ يدخل تلك المناطق؛ وأن نرغمه على مواجهتنا وظهره إليها.

17. إذا كانت بجوار معسكركم هضاب، أو برك تحيط بها الأعشاب المائية، أو أحواض أنهار يملأها القصب، أو غابات كثيفة، يجب المبادرة إلى تفتيشها بدقّة، لأنّ من المرجّح أن تكون محفوفة بكمائن العدوّ أو ملأى بجواسيسه.

18. حين يكون العدوّ قريبًا ومع ذلك يبقى ساكنًا، فهو يعتمد على الأهمية الطبيعية لموقعه.

19. حين يكون العدوّ بعيدًا ويحاول مع ذلك استفزازكم للقتال، فهو يستدرجكم.

20. إذا اتّخذ العدوّ موقعًا له في مكان يسهل بلوغه، فقد نصب لكم شركًا.

21. إذا رأيتم حركة بين أشجار الغابة فاعلموا أنّ العدوّ يتقدّم. إذا شاهدتم بين الأعشاب حواجز وعوائق فاعلموا أنّه يتعمّد إثارة ريبتكم.

22. عندما تشاهدون العصافير تطير فجأة فاعلموا أنّ العدوّ نصب كمينًا قريبًا. حين تشاهدون الحيوانات وقد أجفلت فاعلموا أنّ هجومًا مباغتًا ينتظركم.

23. حين ترتفع سحب الغبار، فهذا دليل إلى أنّ عددًا من العربات يتقدّم؛ حين تنتشر سحابة غبار منخفضة فوق منطقة واسعة، فهذا يعني اقتراب المشاة؛ إذا انتشر الغبار في اتّجاهات عدّة، فهذا يدلّ إلى أنّ العدوّ أرسل جنوده لجمع الحطب؛ إذا تحرّك الغبار جيئة وذهابًا، فهذا دليل إلى أنّ العدوّ يقيم معسكره.

24. إذا سمعتم جنود العدوّ يتبادلون كلمات خافتة ومتواضعة وشاهدتم الاستعدادات تجري على قدم وساق، فهذا دليل إلى أنّ العدوّ يستعدّ للهجوم. إذا سمعتم صخبًا ولغة تحدٍّ وشاهدتم العدوّ يتقدّم وكأنّما ينوي الهجوم، فاعلموا أنّه يتهيّأ للانسحاب.

25. حين تخرج العربات الخفيفة أوّلًا وتتمركز على طرفَي الميدان، فهذا دليل إلى أنّ العدوّ يتّخذ مواقع القتال.

26. إذا حمل العدوّ إليكم عرضًا للسلام بدون عهود، فهو يدبّر مكيدة.

27. حين ترون الجنود في جلبة، ويتراكضون للوقوف في أماكنهم، فهذا يعني أنّ اللحظة الحاسمة حانت.

28. إذا رأيتم بعض الجنود يتقدّمون والبعض الآخر يتراجع، فالعدوّ يحاول استدراجكم.

29. إذا شاهدتم الجنود يقفون متّكئين على رماحهم، فهذا يعني أن الجوع أنهكهم.

30. إذا بدأ الجنود المرسلون لإحضار الماء بالشرب قبل الآخرين، فهذا يعني أنّ العطش نال من الجيش.

31. إذا أحجم الجنود عن بذل جهد لتحقيق مكسب كان في متناول أيديهم، فهذا يعني أنّهم يعانون الإرهاق.

32. إذا تجمّعت الطيور في مكان ما فهذا دليل إلى أنّه خال. الجلبة ليلًا دليل إلى الشعور بالتوتّر.

33. إذا سادت الاضطرابات والمتاعب معسكرًا، فهذا يعني ضعف سلطة القائد. إذا تغيّرت مواقع الرايات فالفوضى والانشقاقات لم تعد بعيدة. إذا استبدّ الغضب بالضبّاط فهذا دليل إلى الإعياء.

34. إذا أطعم العدوّ جياده علفًا، وذبح ثيرانه وقدّمها طعامًا لجنوده، وإذا ترك هؤلاء قدورهم من دون ترتيب بما يدلّ إلى أنّهم لن يعودوا إلى خيامهم، فاعلموا أنّ الأعداء قرّروا أن يقاتلوا حتى الموت.

35. مشهد الجنود يقفون في حلقات صغيرة أو يتهامسون دليل إلى تعاظم السخط والاستياء في صفوفهم.

36. الإفراط في تقديم المكافآت يعني أنّ موارد العدوّ على وشك النفاد؛ الإفراط في فرض العقوبات يشي بحالة من الضيق الشديد.

37. البدء بإطلاق التهديدات المتبجّحة ثم الاستسلام للرعب أمام أعداد العدوّ دليل على غياب تامّ للذكاء.

38. حين يوفد العدوّ إليكم رسلًا يخاطبونكم بكلام معسول، فهذا دليل إلى أنّه يرغب في هدنة.

39. حين يتقدّم جنود العدو ووجوههم تقدح شررًا ليقفوا في مواجهتكم من دون أن يهجموا أو ينسحبوا، فهذا وضع يستدعي يقظة وحذرًا شديدين.

40. إذا لم يكن جنودنا يفوقون العدوّ عددًا، فهذا أكثر من كافٍ؛ ويعني فقط أنّنا لا نستطيع شنّ هجوم مباشر عليه. ما يمكننا عمله هو أن نجمع كلّ لدينا من قوى ونراقبه عن كثب، ونرسل بطلب الإمدادات.

41. مَن لا يحسب ألف حساب، ومَن يستخفّ بأعدائه، مصيره أن يقع أسيرًا في أيدي هؤلاء الأعداء.

42. إذا عاقبتم رجالكم قبل أن تكتسبوا إخلاصهم فلن يخضعوا لأوامركم، وما لم يخضعوا فسيكونون بدون جدوى. وبعدما تكتسبون إخلاصهم، وإذا لم تطبّقوا العقوبات كما يجب، فسيكونون كذلك بدون جدوى.

43. لذلك يقتضي في المقام الأول معاملة الجنود بإنسانيّة، وإخضاعهم في الوقت عينه لنظام صارم. هذا هو الطريق الأكيد إلى تحقيق النصر.

44. إذا جرت العادة خلال التدريبات بأن يتمّ تنفيذ الأوامر بحذافيرها، تبنون جيشًا يتمتّع بالانضباط؛ وإلّا واجهتم عدم الانضباط والعصيان.

45. إذا أظهر القائد ثقة بجنوده ولكنّه أصرّ دائمًا على أن يطيعوا أوامره، عادت الفائدة على القائد والجنود معًا.

الفصل العاشر

الأرض

1. قال «صُن تزو»: يمكن التمييز بين أنواع ستّة من الأرض، بحسب تضاريسها: (1) الأرض السهلة؛ (2) الأرض العسيرة؛ (3) الأرض المُعوّقة؛ (4) الممرّات الضيّقة؛ (5) المرتفعات الخطرة؛ (6) المواقع البعيدة جدًّا عن العدوّ.

2. الأرض **السهلة** هي تلك التي يستطيع الطرفان المتقاتلان عبورها بسهولة.

3. في أرض كهذه، اسبقوا عدوّكم إلى احتلال الأماكن المرتفعة والمشمسة، واحرصوا على حماية خطوط إمداداتكم، وهو ما يمنحكم تفوّقًا في القتال.

4. الأرض **العسيرة** هي تلك التي يمكن الخروج منها، ولكن العودة لاحتلالها أمر في غاية الصعوبة.

5. يمكنكم أن تنطلقوا من موقع كهذا لتشنّوا هجومًا على عدوّ لا ينتظركم وتُنزلوا به الهزيمة. أمّا إذا وجدتم أنّ العدوّ قد استعدّ لقدومكم ولم تتمكّنوا من القضاء عليه، فسيتعذّر عليكم العودة إلى حيث كنتم، وآنذاك، الكارثة محتومة.

6. المكان حيث لا مصلحة لأيّ من الفريقين المتحاربين في المبادرة إلى الهجوم يُدعى الأرض **المعوّقة**.

7. في موقع كهذا، أنصحكم بعدم الخروج للقتال حتّى ولو ألقى إليكم العدوّ طعمًا مغريًا. من المستحسن أن تتراجعوا حتّى يطمع عدوّكم بمطاردتكم، وحين يخرج نصف جنوده من مواقعهم، تشنّون هجومًا مضادًّا يكون التفوّق فيه حليفكم.

8. في ما يخصّ **الممرّات الضيقة**، وإذا كنتم أوّل مَن يحتلّها، عزّزوا حمايتها وانتظروا قدوم عدوّكم.

9. إذا سبقكم عدوّكم إلى أحد الممرّات وعزّز الحماية عليه، فلا تسعوا إلى تحريره منه. أمّا إذا ترك الممرّ بلا حماية كافية، فعليكم بالمحاولة.

10. إذا سبقتم عدوكم إلى احتلال أحد **المرتفعات الخطرة**، فاحرصوا على السيطرة على النقاط العالية والمشمسة فيه، وامكثوا في انتظار أن يتسلّق العدوّ السفح للوصول إليكم.

11. إذا سبقكم عدوّكم إلى احتلال المرتفع فلا تسعوا خلفه، بل انسحبوا واستدرجوه للابتعاد عن موقعه.

12. إذا كنتم على مسافة بعيدة من عدوّكم، وكانت قوّتا جيشيكما متكافئتين، لن يكون من السهل استدراج العدوّ إلى معركة، ولن تكون نتيجة القتال في مصلحتكم.

13. تلك هي المبادئ الستّة المتعلّقة بالأرض. من واجب كلّ قائد مسؤول أن يدقّق فيها بتأنٍّ.

14. الجيوش معرّضة لستّة أنواع من المصائب، لا تنتج عن أسباب طبيعيّة بل عن أخطاء القائد. وهذه المصائب هي: (1) الفرار؛ (2) العصيان؛ (3) الانهيار؛ (4) الدمار؛ (5) الفوضى؛ (6) التضعضع.

15. بغياب أي عنصر تفوّق، وإذا اضطرّت قوّة من الجيش إلى قتال قوّة تفوقها عددًا بعشرة أضعاف، فالنتيجة ستكون **فرار** القوّة الأولى.

16. إذا كان الجنود أشدّاء فيما ضبّاطهم ضعفاء جدًّا فالنتيجة هي **العصيان**. أمّا إذا كان الضبّاط أشدّاء فيما جنودهم واهنون، فهذا يؤدّي إلى **الانهيار**.

17. إذا كان كبار الضبّاط مشاكسين ومتمرّدين بطباعهم، ويدفعهم شعورهم بالامتعاض للمبادرة إلى بدء المعركة قبل أن يقرّر قائدهم الأعلى ما إذا كان بوسعه القتال، فالنتيجة هي **الدمار**.

18. حين يكون القائد ضعيفًا وفاقدًا السلطة، وأوامره تفتقر إلى الوضوح، ولم يحدّد المهامّ التي على ضبّاطه وجنوده تنفيذها، وحين تفتقر صفوف جيشه إلى أي نوع من أنواع التنظيم، فالنتيجة هي **الفوضى** العارمة.

19. حين يعجز القائد عن تقدير قوّة عدوّه، ويرسل في مواجهة قوّة كبرى عددًا قليلًا من رجاله، أو يبعث لقتال فرقةٍ معزّزةٍ للعدوّ مفرزةً ضعيفة، ولا يرسل جنود النخبة إلى الصفوف الأمامية، فالنتيجة هي **التضعضع** التامّ بلا شكّ.

20. تلك هي الطرق الستّة التي تؤدّي إلى الهزيمة، والتي يجب على أيّ قائد مسؤول أن يفطن إليها.

21. التضاريس الطبيعية هي أفضل حليف للجنود؛ لكنّ القدرة على تقييم الخصم، والتحكّم بالقوى التي تقود إلى النصر، والبراعة في تقدير المصاعب والمخاطر والمسافات، هي الامتحان الحقيقيّ للقائد العظيم.

22. مَن يملك هذه المعرفة ويسخّرها في القتال، ينتصر في معاركه. أمّا مَن لا يملكها ولا يطبّقها فالهزيمة تنتظره بلا شكّ.

23. إذا كان القتال يضمن تحقيق النصر يجب أن تقاتلوا حتّى لو منعكم الحاكم عن القتال. أمّا إذا لم يكن القتال يضمن النصر فيجب ألّا تقاتلوا بالرغم من أوامر الحاكم.

24. القائد الذي يسير إلى الحرب غير طامع بالشهرة أو بالمجد، وينسحب بدون أن يخشى العار، ولا يكترث إلّا بحماية بلاده وخدمة ملكه هو درّة المملكة.

25. عامِلوا جنودكم كأولادكم يتبعوكم إلى أقاصي الأرض؛ انظروا إليهم نظرة الأب المحبّ إلى أبنائه يقفوا بجانبكم حتّى الموت.

26. أمّا إذا تحلّيتم بالتسامح والرأفة، ولكنكم عجزتم عن فرض سلطتكم أو طاعتكم أو عن لجم الفوضى في صفوف جنودكم، فآنذاك يصبح هؤلاء كالأبناء المدلّلين، غير نافعين لشيء.

27. إذا كنّا نعلم أنّ جنودنا قادرون على الهجوم، ولم ندرك أنّ دفاعات العدوّ تخلو من أيّ ثغرة تسمح لنا بالهجوم، فنحن ما سلكنا من طريق النصر إلّا النصف.

28. إذا كنّا نعلم أنّ مهاجمة العدوّ ممكنة، ولكنّنا لم ندرك أنّ رجالنا أعجز من أن يهاجموا، فنحن ما سلكنا من طريق النصر إلّا النصف.

29. إذا كنّا نعلم أنّ مهاجمة العدوّ ممكنة، وأنّ رجالنا قادرون على الهجوم، ولكنّنا لم نعرف أنّ طبيعة الأرض تجعل المعركة متعذّرة، فنحن أيضًا ما سلكنا من طريق النصر إلّا النصف.

30. لذلك فإنّ الجنديّ المتمرّس وبعدما ينطلق لا يخطئ أبدًا؛ وإذا سعى إلى هدف ما، لن تنقصه الموارد اللازمة أبدًا.

31. لذلك قيل: «مَن يعرف العدوّ ويعرف نفسه لا يُقهر أبدًا؛ مَن يعرف السماء والأرض يكُن نصره كاملًا.»

الفصل الحادي عشر

صفات الأرض التسع

1. قال «صُن تزو»: في فنّ الحرب صفات تسعٌ للأرض: (1) المشتِّتة للجهود؛ (2) السهلة؛ (3) الجديرة بالتنازع عليها؛ (4) المفتوحة؛ (5) ملتقى الطرق؛ (6) الخطرة؛ (7) الصعبة؛ (8) المحاصَرة؛ (9) المُهلِكة.

2. حين يقاتل زعيم على أرضه، فتلك أرض مشتِّتة لجهوده.

3. حين يخترق مسافة غير بعيدة من بلاد العدوّ، فتلك أرض سهلة.

4. الأرض التي يعود الاستيلاء عليها بفائدة عظيمة لكلا الفريقين هي أرض جديرة بالتنازع عليها.

5. الأرض التي يملك كلا الفريقين حرية الحركة عليها هي أرض مفتوحة.

6. الأرض التي تشكّل مدخلًا إلى ثلاث ولايات متجاورة، على نحو يسمح للقائد الذي يسبق إلى احتلالها بالسيطرة على معظم مناطق الأمبراطوريّة، هي ملتقى الطرق.

7. الأرض المعادية التي يدخلها الجيش تاركًا خلفه عددًا من المدن العدوّة المحصّنة هي أرض خطرة.

8. الغابات والمنحدرات الشديدة والوعرة والمستنقعات والأهوار، وكلّ المناطق التي يصعب عبورها، هي ما يسمّى بالأرض الصعبة.

9. الأرض التي لا سبيل إليها إلّا عبر ممرّات ضيّقة، ولا يمكن الانسحاب منها إلّا عبر دروب شاقّة ومتعرّجة لدرجة أنّ نفرًا قليلًا من الرجال يكفي لسحق فرقة كبيرة من رجالنا، هي أرض محاصَرة.

10. الأرض التي لا ينقذنا من الهلاك فيها إلّا المعاجلة إلى القتال هي أرض مُهلكة.

11. لذلك ففي الأرض المشتِّتة للجهود، لا تقاتلوا. في الأرض السهلة، لا تتوقّفوا. في الأرض الجديرة بالتنازع عليها، امتنعوا عن الهجوم.

12. في الأرض المفتوحة، لا تحاولوا سدّ الطريق على العدوّ. في ملتقى الطرق، تعاونوا مع حلفائكم.

13. في الأرض الخطرة، لا تتركوا شيئًا في طريقكم بدون أن تنهبوه. في الأرض الصعبة، واصلوا سيركم بلا توقّف.

14. في الأرض المحاصرة، الجأوا إلى الخداع. في الأرض المهلكة، قاتِلوا.

15. القادة العظماء الذين خلّدهم التاريخ هم أولئك الذين عرفوا كيف يدقّون إسفينًا بين طليعة جيش العدوّ ومؤخّرته، وكيف يمنعون التآزر بين ألويته الكبيرة وفرقه الصغيرة، وكيف يعيقون وصول قوّات النخبة لنجدة المحاربين غير المتمرّسين، وكيف يحولون دون أن يتمكّن القادة من تجميع جنودهم لإعادة تنظيم صفوفهم.

16. حيث كان جنود العدوّ موحّدين، نجح القادة العظماء في زرع الفوضى بينهم.

17. وحيث وجدوا الفرصة سانحة، كانوا يبادرون، وحيث لم يروا فرصة، كانوا يُحجِمون.

18. إذا سألتموني كيف يجب التصرّف إذا كان العدوّ يوشك على شنّ هجوم بجيش جرّار فائق التنظيم، أجيبكم: «استولوا على شيء عزيز جدًّا على قلب خصمكم، تجعلوه طو ع بنانكم.»

19. السرعة هي جوهر الحرب: استغلّوا عدم استعداد العدوّ، سيروا في طرق لا يتوقّعها، وهاجموه في مواقع لا يحميها.

20. إليكم المبادئ التي على كلّ جيش غازٍ الالتزام بها: بمقدار ما تتوغّلون في أرض العدوّ يشتدّ تلاحم جنودكم، ويتعذّر على المدافعينَ التغلّب عليكم.

21. أغيروا على أراضي العدوّ الخصبة لتوفير المؤن لجيشكم.

22. كونوا يقظين على راحة جنودكم ولا تُرهقوهم. وفّروا طاقتكم واختزنوا قوّتكم. أبقوا جيشكم بحال من الحركة الدائمة، وارسموا خططًا يستعصي فهمها.

23. ارموا بجنودكم حيث لا مفرّ لهم، وحيث سيفضّلون الموت على الهروب. إذا واجهوا الموت فلن يستحيل عليهم تحقيق أيّ شيء، وهذا سيدفع بجنودكم كما بضبّاطكم إلى بذل أقصى طاقاتهم.

24. أمام الخطر الشديد يزول شعور الجنود بالخوف. وحين لا يجدون مفرًّا لهم يثبتون في مواقعهم. وإذا كانوا في أرض معادية يرصّون صفوفهم. وحيث تُسدّ في وجههم كلّ السبل يستميتون في القتال.

25. هكذا لا يفقد الجنود يقظتهم، حتّى ولو لم يتلقّوا أمرًا بذلك؛ ويحقّقون مشيئتكم ولو لم تطلبوا إليهم ذلك؛ ويصبحون أهلًا للثقة المطلقة ورجالًا لا حدود لإخلاصهم.

26. احظروا الشائعات التي تنذر بالشؤم، وحاربوا الشكوك القائمة على الخرافات، وآنذاك، وحتّى يحين الأجل المحتوم، لن يكون لديكم ما تخشونه.

27. إذا لم يكن جنودنا يملكون الأموال الطائلة، فليس ذلك احتقارًا للثروة؛ وإذا كانت أعمارهم قصيرة، فليس ذلك لأنّهم غير حريصين على الحياة.

28. يوم يتلقّى رجالكم الأمر بالذهاب إلى الحرب، قد تنهمر دموعهم فتبلّل ملابس الجالسين منهم، وتسيل على وجوه المضطجعين. ولكن حالما ينخرطون في القتال فسيحاربون بشجاعة «تشو» أو «كُوي».

29. المخطِّط البارع يمكن تشبيهه بـ«**شواي جان**»، الثعبان الذي نجده في جبال «تشانغ». اضربوا رأسه، يرتدّ عليكم بذيله؛ اضربوا ذيله، ينقضّ عليكم برأسه؛ اضربوه في وسط جسمه، يهاجمكم برأسه وذيله معًا.

30. إذا سألتموني عمّا إذا كان ممكنًا للجيش أن يتصرّف كثعبان «**شواي جان**»، أجيبكم بنعم. برغم العداوة بين شعبي «وو» و«يووي»، فهم كانوا حين يعبرون النهر في مركب واحد وتداهمهم العاصفة، يساعد بعضهم بعضًا مثلما تتعاون اليدان اليمنى واليسرى.

31. لذلك لا يكفي أن يعتمد المرء على ربط الخيول لمنعها من الفرار، ودفن عجلات العربات في التراب.

32. مبدأ قيادة الجيوش هو إرساء معيار واحد للشجاعة يجب أن يصل إليه الجميع.

33. كيفية تحقيق الاستفادة القصوى من كلّ الجنود، الأقوياء منهم والضعفاء، تلك مسألة تتعلّق بالاستغلال الصحيح للأرض.

34. لذلك فإنّ القائد المتمرّس يقود جيشه وكأنّه يقود رجلًا واحدًا من يده، شاء ذاك الرجل أو أبى.

35. من واجب القائد أن يكون متكتّمًا لضمان السرية؛ ومستقيمًا وعادلًا للمحافظة على النظام.

36. يجب أن يتمكن من تضليل ضباطه وجنوده بالأخبار والمظاهر الزائفة، فيبقيهم في حال من الجهل التامّ.

37. ومن خلال تغيير مشاريعه وخططه، يبقي عدّوه في حيرة دائمة. ومن خلال نقل معسكره وسلوك طرق ملتوية، يحول دون معرفة عدوّه بحقيقة نواياه.

38. وفي اللحظة الحاسمة يتصرّف قائد الجيش كمن تسلّق جدارًا ثمّ ركل السلّم. ويتوغّل بجنوده عميقًا في أراضي العدوّ قبل أن يكشف خطّته.

39. القائد المحنّك يضرم النار في مراكبه ويحطّم قدور الطهو؛ وكراعٍ يقود قطيعًا من الأغنام، يسير برجاله في الاتجاه الذي يريده، بدون أن يدري أحد بما هو مزمعٌ عليه.

40. تجميع جنوده والإلقاء بهم في أتون الخطر، بهذه الكلمات يمكننا أن نلخّص مهمّة القائد.

41. اتّخاذ التدابير بحسب صفات الأرض التسع؛ ضرورة اعتماد الخطط الهجوميّة أو الدفاعيّة؛ والقوانين الأساسية للطبيعة البشرية: هذه هي الأمور التي لا بدّ من التمعّن في دراستها.

42. القاعدة العامّة التي يجب ألا ينساها أيّ غازٍ هي أنّ التوغّل بعيدًا في أرض العدوّ يؤدّي إلى تلاحم الجنود، أمّا الاكتفاء بدخولها لمسافة قصيرة فقط فيؤدّي إلى تشرذمهم.

43. حين تبتعدون عن وطنكم وتسيرون بجيشكم في بلاد مجاورة، ستجدون أنفسكم في أرض غير آمنة. حين تحيط بكم الطرق من الجهات الأربع، فأنتم في ملتقى طرق.

44. حين تتوغّلون بعيدًا في بلاد العدوّ، ستكونون في أرض خطرة. حين تكتفون بالتقدّم فيها حتى مسافة قصيرة فقط، فأنتم في أرض سهلة.

45. حين تكون حصون العدوّ خلفكم والممرّات الضيّقة أمامكم، فأنتم في أرض محاصَرة. وحين لا تجدون مكانًا تلجأون إليه فأنتم في أرض مُهلكة.

46. لذلك ففي الأرض المشتّتة للجهود، أدعو رجالي إلى وحدة الهدف. وفي الأرض السهلة أحرص على التواصل الوثيق بين ألوية جيشي.

47. في الأرض الجديرة بالتنازع عليها، أحثّ مؤخّرة جيشي على الوصول بسرعة.

48. في الأرض المفتوحة، لا أدع دفاعاتي تغيب عن عينيّ على الإطلاق. وفي ملتقى الطرق، أعزّز تحالفاتي.

49. في الأرض الخطرة، أحرص على تأمين خطّ إمدادات لا ينقطع. في الأرض الصعبة، أواصل حثّ جنودي على التقدّم.

50. في الأرض المحاصَرة، أغلق أيّ منفذ للانسحاب. في الأرض المُهلكة، أعلن أمام جنودي أنّ محاولة إنقاذ حياتهم لا أمل منها.

51. من طبيعة الجنود الاستماتة في المقاومة حين يحاصَرون، والاستبسال في القتال حين تُسدّ في وجههم السبل، وإطاعة الأوامر بسرعة في الخطر المحدق.

52. لا يمكننا عقد تحالفات مع أمراء المقاطعات المجاورة قبل أن نعرف نواياهم. لسنا أهلًا لقيادة الجيوش إذا كنّا نجهل ملامح وجه البلاد التي نسير فيها، أي جبالها وغاباتها ومنحدراتها

ووديانها السحيقة ومستنقعاتها. لا يمكننا استغلال ما تقدّمه لنا الطبيعة من فوائد ما لم نستعِن بالمرشدين المحليّين.

53. ليس جديرًا بأن يكون قائدًا فاتحًا مَن يجهل أيًّا من المبادئ الأربعة أو الخمسة التالية.

54. حين يشنّ فاتح هجومًا على دولة قويّة، تتجلّى حنكته في منع العدوّ من تجميع قواه، وفي قدرته على بثّ الرعب في قلوب خصومه حتى لا يجرؤ حلفاؤهم على الخروج لقتاله.

55. لذا لا يجد نفسه مضطرًّا إلى عقد التحالفات مع أيّ كان، أو إلى تعزيز قوّة الدول الأخرى. بل يقوم بتنفيذ مخطّطاته السريّة، ويُبقي أعداءه أسرى الخوف، فيتمكّن من فتح مدنهم والإطاحة بعروشهم.

56. امنحوا المكافآت بسخاء، أصدروا الأوامر دونما اكتراث بالقواعد المتبعة، تستطيعوا قيادة جيش بأكمله مثلما تقودون رجلًا واحدًا.

57. مروا جنودكم بمهامّ محدّدة من دون أن تفصحوا لهم عن مقاصدكم الحقيقية. حين تكون النتيجة المتوقعة واعدة أطلِعوهم عليها؛ أمّا حين يكون الواقع قاتمًا فلا تخبروهم شيئًا.

58. عرّضوا جيشكم لخطر الموت ينجُ. ادفعوا به إلى المهالك يخرج سالمًا.

59. ما من وقت يستطيع فيه جيش تحقيق النصر كما يفعل حين يواجه الموت الأكيد.

60. يتحقق النصر في الحروب إذا تظاهرنا، بكثير من الحذر، بأنّنا نسير وفقًا لمخّططات العدوّ.

61. إذا ثابرنا على البقاء قريبين من جناح جيش العدوّ، سنتمكّن في نهاية المطاف من قتل قائده.

62. هذا ما يسمّى القدرة على تحقيق الأهداف بواسطة الخداع.

63. حالما تتولّون القيادة، أغلقوا كلّ المعابر الحدوديّة، أتلفوا تراخيص المرور الرسميّة، وامنعوا عبور كلّ الموفدين.

64. كونوا صارمين بداخل قاعة المجلس لكي تتحكّموا بالوضع.

65. إذا ترك العدوّ بابًا مفتوحًا، سارعوا إلى الدخول من خلاله.

66. أحبِطوا مشاريع خصمكم بالقبض على ما هو عزيز على قلبه، وخطِّطوا بدهاء لتتحكّموا بوقت وصوله إلى الميدان.

67. اتبعوا قواعد الحرب، وافعلوا ما يتوقّعه العدوّ منكم حتّى تتسنّى لكم فرصة خوض المعركة الحاسمة.

68. أظهروا في البداية حياء فتاة عذراء، حتّى تنكشف لكم ثغرة في صفوف العدوّ؛ وآنذاك اهجموا بسرعة أرنب مندفع، وسيجد العدوّ أنّ الأوان فات ولم يعد في وسعه أن يصدّكم.

فن الحرب

الفصل الثاني عشر

الهجوم بالنار

1. قال «صُن تزو»: ثمّة سُبل خمسة للهجوم بالنار. الأول هو إحراق الجنود في معسكرهم؛ الثاني هو إحراق مخازن المؤن؛ الثالث هو إحراق قوافل الإمدادات؛ الرابع هو إحراق ترسانات الذخيرة والمستودعات؛ والخامس هو قذف صفوف العدوّ بالنيران.

2. يجب أن تتوفّر الوسائل لشنّ الهجوم. ويجب أن تكون الموادّ المطلوبة لإشعال النار جاهزة دائمًا.

3. ثمّة وقت ملائم لشنّ الهجمات بالنيران، وأيّام محدّدة لإضرام الحرائق.

4. الوقت الملائم هو حين يكون الطقس جافًّا جدًّا. الأيّام المحدّدة هي حين يكون القمر في كوكبات الغربال، أو الجدار، أو الجناحين، أو العربة، ففي تلك الأيام الأربعة تهبّ الرياح.

5. حين تشنّون هجومًا بالنار، عليكم أن تكونوا على استعداد لمواجهة تطوّرات خمسة:

6. (1) حين تندلع النيران في معسكر الأعداء، عاجلوا إلى الهجوم من الخارج.

7. (2) إذا انتشرت النيران في معسكر العدوّ، ومع ذلك لم يفقد جنوده هدوءهم، فاصبروا ولا تسارعوا إلى الهجوم.

8. (3) حين تشتدّ النيران وتبلغ أقصى قوّتها، شنّوا هجومكم إذا كان ذلك ممكنًا، وإلّا فعليكم ألّا تبارحوا مكانكم.

9. (4) إذا لاحت لكم فرصة الهجوم بالنيران من الخارج، فلا تنتظروا اشتعال النار في داخل المعسكر، بل انتظروا اللحظة المؤاتية وشنّوا هجومكم.

10. (5) حين تضرمون النيران، كونوا في الجهة التي تهبّ منها الرياح. لا تشنّوا هجومكم في وجه الرياح.

11. الرياح التي تهبّ نهارًا تبقى طويلًا، أمّا نسيم الليل فسرعان ما يهدأ.

12. على كلّ جيش أن يكون ملمًّا بالتطوّرات الخمسة المتعلقة بالهجوم بالنيران، ويجيد احتساب حركة النجوم، ويترقّب حلول الأيام المناسبة.

13. لذلك فإنّ مَن يستعينون بالنيران في هجومهم يُظهرون ذكاء؛ ومَن يستعينون بالمياه في هجومهم يزدادون قوّة.

14. قد تفيد المياه في اعتراض طريق العدوّ، ولكنّها لا تحرمه كلّ ما يملك.

15. مشؤومٌ مصير مَن يحاول الانتصار في حروبه والنجاح في هجماته بدون التفكير في استغلال مكاسبها، لأنّه بذلك يكون قد أهدر وقته وبذل جهدًا عقيمًا.

16. لذلك قيل: «الحاكم المتبصّر يضع خططه مسبقًا؛ القائد البارع يستغلّ موارده.»

17. لا تقوموا بأيّة خطوة ما لم تروا فيها فائدة؛ لا تستخدموا جنودكم ما لم تلُح أمامكم فرصة كسب ما؛ لا تقاتلوا إلّا إذا كنتم في وضع حرج.

18. لا ينبغي لأيّ حاكم أن يرسل جنوده إلى القتال لمجرد أنه يشعر بالاستياء؛ لا ينبغي لأيّ قائد أن يخوض معركة بدافع الغضب فقط.

19. لا تخطوا خطوة واحدة إلى الأمام إلّا إذا كانت في مصلحتكم، وإلّا فابقوا حيث أنتم.

20. مع الوقت، قد ينقلب الغضب إلى سرور، ويزول الاستياء ليحلّ محلّه الرضا.

21. لكنّ الممالك التي دُمّرت لا يمكنها أن تقوم من جديد، كما أنّ الأموات لا يمكن أن يعودوا إلى الحياة أبدًا.

22. لذا فإنّ القائد المتبصّر هو مَن يتّصف بالاحتراس، والقائد البارع هو مَن يتميز بالحذر الشديد. بهذه الطريقة تُصان البلاد وتُحفظ الجيوش من الدمار.

الفصل الثالث عشر

استخدام   الجواسيس

1. قال «صُن تزو»: حشد جيش من مئة ألف رجل والسير به مسافات شاسعة، من شأنه أن يكبّد الشعب خسائر فادحة ويستنزف موارد الدولة. وستبلغ النفقات اليومية ألف أونصة من الفضّة، وتسود حال من الاضطراب في الوطن كما في الخارج، ويسقط الرجال على الطرق من شدّة الإرهاق، وتخسر سبعمئة ألف أسرة مَن يُعيلها.

2. قد يقف جيشان عدوّان متقابلين لسنوات في انتظار النصر الذي يحسمه قتال يوم واحد. ولذلك فإنّ بقاء القائد جاهلًا أحوال عدوّه لمجرّد أنّه يخشى إنفاق مئة أونصة من الفضّة بدل رشى ومكافآت، إنّما هو ذروة اللاإنسانيّة.

3. مَن يتصرّف على هذا النحو ليس بقائد للرجال، ولا عوئًا لملكه، ولا يمكنه إحراز النصر.

4. ما يمكّن الملك الحكيم والقائد العظيم من الظفر، وتحقيق ما لا يمكن للبشر العاديّين تحقيقه، هو **المعرفة المسبقة.**

5. وهذه المعرفة المسبقة لا يمكن التوصل إليها عن طريق استحضار الأرواح، أو بأخذ العبرة من دروس الماضي، أو بأيّ حسابات واستنتاجات.

6. لا يمكن التوصّل إلى معرفة استعدادات العدوّ إلّا بواسطة أشخاص آخرين.

7. لذا الحاجة إلى استخدام الجواسيس، والذين ينقسمون إلى فئات خمس: (1) الجواسيس المحلّيون؛ (2) الجواسيس الداخليّون؛ (3) الجواسيس المنقلبون؛ (4) الجواسيس الهالكون؛ (5) الجواسيس الناجون.

8. حين ينصرف الجواسيس من الأنواع الخمسة إلى العمل معًا، لن يستطيع أحد اكتشاف طريقة العمل السريّة تلك. إنها ما يُسمّى «براعة التحكّم بالخيوط». وهي أثمن ما يملكه الحاكم من مواهب.

9. استخدام الجواسيس **المحلّيين** يعني اللجوء إلى خدمات سكّان منطقة ما.

10. استخدام الجواسيس **الداخليين** يعني الاستفادة من كبار مسؤولي العدوّ للعمل لحسابنا.

11. استخدام الجواسيس **المنقلبين** يعني القبض على جواسيس العدوّ وتطويعهم لتحقيق غاياتنا.

12. الجواسيس **الهالكون** هم مَن يقومون بمهامّ محدّدة في العلن بهدف التضليل، ثمّ نترك لجواسيسنا أن يكتشفوا أمرهم ويشوا بهم للعدوّ.

13. وأخيرًا، الجواسيس **الناجون** هم مَن يعودون إلينا بالأخبار من معسكر العدوّ.

14. لذلك ليس في الجيش كلّه من علاقات وثيقة يجب الحفاظ عليها أكثر من تلك تُنشأ مع الجواسيس. لا أحد يجب أن يُكافأ بسخاء أكثر من الجواسيس. ولا عمل يجب أن يُحاط بالسرّية أكثر من هذا العمل.

15. من دون حكمة وبصيرة فطرية لا يمكن تطويع الجواسيس والاستفادة منهم.

16. من دون طيبة وصدق لا يمكن إدارتهم بشكل سليم.

17. من دون ذكاء شديد، لا يمكن التأكّد من صحّة تقاريرهم.

18. كونوا حادّي الذكاء! كونوا حادّي الذكاء! واستخدموا جواسيسكم لكلّ الأعمال.

19. إذا أفشى جاسوس معلومة سرية قبل أوانها، يجب إعدامه هو ومَن باح إليه بالسرّ.

20. سواء أكان الهدف سحق جيش، أو احتلال مدينة، أو اغتيال قائد، من الضروريّ دائمًا أن نعرف أوّلًا أسماء أعوان هذا القائد وأفراد فريقه وحُجّابه وحرّاسه. ويجب تكليف جواسيسنا بالتحقّق من ذلك.

فنّ الحرب

لمحة عن المؤلّف

كان «صُن تزو» قائدًا عسكريًا في الفترة التي حكمت خلالها سلالة «زهو» الصين القديمة. وبالإضافة إلى كونه قائدًا عسكريًّا واسع الأثر في أواخر القرن السادس، فهو كان أيضًا كاتبًا وفيلسوفًا غزير الإنتاج. لم يستخدم «صُن تزو» طاقاته للقيام بفتوحات وحشيّة، بل اعتمد في حروبه مقاربة فيها الكثير من التروّي والبراغماتيّة، واستعاض عن سفك الدماء باعتماد التخطيط الاستراتيجيّ والخداع والدهاء العسكري. أكسبته فلسفته الثناء والتقدير الواسعين في التاريخ العسكري في الشرق كما في الغرب. كتاب «فنّ الحرب» هو تدوين لفلسفة «صُن تزو»، ولا يزال محلّ استخدام في سياقات تتجاوز المعارك الحربيّة. ويُعتقد أن «فنّ الحرب» قد ألهم المجتمع الغربي بتأثيره في شتّى المجالات كالثقافة، والسياسة، والأعمال، والرياضة، وغير ذلك.

Discover more of your favorite classics with Bookfinity™.

- Track your reading with custom book lists.
- Get great book recommendations for your personalized Reader Type.
- Add reviews for your favorite books.
- AND MUCH MORE!

Visit **bookfinity.com** and take the fun Reader Type quiz to get started.

Enjoy our classic and modern companion pairings!

Classic & Modern